Katharina Starlay

STILVOLL ÄLTER WERDEN

Die Leute, die nicht zu altern verstehen,
sind die gleichen, die nicht verstanden haben,
jung zu sein.
Marc Chagall (1887–1985)

KATHARINA STARLAY

STILVOLL ÄLTER WERDEN

Erfolgreich über 50

Bibliografische Information der Deutschen Nationalbibliothek
Die Deutsche Nationalbibliothek verzeichnet diese Publikation in der Deutschen Nationalbibliografie; detaillierte bibliografische Daten sind im Internet über https://dnb.dnb.de abrufbar.

Corporate Imageberaterin und Modedesignerin
Katharina@Starlay.de
www.starlay.de

Bilder:
Covergestaltung: Bree Corn, Mallorca, www.breecorn.com
Coverfoto Karsten Thormaehlen, Frankfurt, www.karstenthormaehlen.com
im Bild: Werner Grade

Portraitfotos im Buch:
Foto 1 privat / Foto 2 AirPlus / Joppen

Coverfotos der anderen Bücher: Frankfurter Allgemeine Buch
Coverfoto Stilcoach für Männer: Andreas Klein, Shoepassion GmbH, www.shoepassion.de

Satz: Wolfgang Barus, Frankfurt am Main

Zweite, überarbeitete und aktualisierte Auflage 2024
ISBN E-Book 978-3-948337-15-5
ISBN Print on Demand 978-3-948337-14-8

Inhalt

Die Generationenfrage

Der Flirt mit dem Altern ist nicht neu. Heute aber gewinnt er Unterhaltungscharakter, wenn wir Fotos von uns in KI-gestützten Alterungs-Apps hochladen, um zu sehen, wie wir in 30 Jahren aussehen werden. Eine Zeitreise des eigenen Selbst. Dass die *App* gleichzeitig volle Bildrechte beansprucht, mag nebensächlich klingen, ist es aber überhaupt nicht: Mit dem eigenen Image, dem Bild in der Weltöffentlichkeit (denn nichts anderes ist das www) und mit dem Altern sollte niemand leichtfertig umgehen. Spaß machen darf es trotzdem!

Der Generationenneid war früher eher heimlich und peinlich: Da gab es belustigende Bilder der Haarshampoo-Werbung, in der zwei Frauen mit langen, wallenden Haaren und identischem Look nebeneinander liefen und erst bei einem Perspektivenwechsel von vorne sichtbar wurde, dass eines die Tochter – das andere die Mutter sein sollte. Schwestern? Nun ja …

Das Älterwerden verlangt eine gehörige Portion Humor. Eine weise Frau hat einmal gesagt: „Altern ist nichts für Feiglinge." Was hat sie damit gemeint? Vielleicht, dass es Mut und De-Mut braucht, um anzunehmen, was kommt, und das Beste daraus zu machen. Denn für das stilvolle Altern fehlen vielfach die Vorbilder. Für des Alter ohne „n“ gibt es inzwischen einige Ikonen: Wer es geschafft hat, wird in den Medien gefeiert – wie aktuell die 100-Jährigen. Sie werden geehrt für die Jahre, die sie erreicht haben und setzen die Messlatte hoch. Nur bleibt der Weg dorthin meistens Privatsache.

Was ist denn das Ziel? Ein hohes Lebensalter zu erreichen? Oder ein Leben in Qualität?
Es geht nicht darum, wie *alt* wir werden, sondern *wie* wir alt werden.

Studien über Lebensgewohnheiten von *Rauchen* bis *zu viel Arbeit* vermitteln uns immer wieder eindrücklich, wie viel mehr ein Verzicht für die Lebenserwartung bringt. Aber wie freudvoll ist ein Leben, das mit Blick auf die Statistik lauwarm bleibt? Eingependelt auf die buchstäblich gesunde Mitte und ohne Leidenschaft oder Lernerfahrung? Das soll kein Plädoyer für Tabakkonsum sein – er kostet Energie und schränkt die Lebensqualität maßgeblich ein. Und genau das ist der Punkt, um den es geht: die Qualität, in der wir altern. Und zwar mit „n“.

In der Wirtschaft sind honorierte Senior-Experten bislang ein fiktiver Wert, eine Werbefigur, die aber von der Realität (noch) weit entfernt ist. Dabei suchen viele in dieser Lebensphase noch eine neue, erfüllende

Aufgabe für die verbleibenden Berufs- oder die bevorstehenden Rentenjahre. Der **Senior Experten Service** (SES) etwa, welcher vom Bundesministerium für wirtschaftliche Zusammenarbeit und Entwicklung sowie dem Bundesministerium für Bildung und Forschung gefördert wird, vermittelt – und sucht ständig – ehrenamtliche Experten aller Fachgebiete.

Aber lässt sich in den Lebensjahren der Erfahrungslinien noch ein Jobwechsel hinbekommen, bei dem man verdient, was man verdient?

Zu alt für den Job?

Denn wer sich im Sneakers-Zeitalter auf Jobsuche begibt, begegnet in der Unternehmenswelt einem merkwürdigen Phänomen, das man erst einmal verstehen muss: Vorstände dürfen ein bestimmtes Lebensalter erreicht haben – wer sich aber im selben Unternehmen um eine Stelle bewirbt, soll von deren Alter noch möglichst weit entfernt sein. Nach unten, versteht sich. Sobald nämlich eine magische Altersgrenze überschritten ist, sind Fachkräftemangel und Nachwuchsengpässe in so mancher Personalabteilung auf einmal vergessen.

Auch ein Karriere-Blog hegt den Verdacht, dass es *gerade* die Personalexperten seien, welche an dem Glaubenssatz festhalten würden, dass ein Mensch über 50 zu alt für den Arbeitsmarkt sei – obwohl sie selbst nicht selten im selben Alter seien. Fest steht aber auch, dass die Personalabteilung das ausführende Organ dessen ist, was die jeweilige Geschäftsführung denkt und wünscht.

Als Konsumenten sind die *Silver Ager*, wie die Werbung sie nennt, sehr willkommen – aber als Arbeitskraft mit Gehaltsvorstellungen?

Wie kann es sein, dass wir als Gesellschaft mit zweierlei Maß messen? Wo hört *jung* auf – und wann beginnt man *alt* zu sein? Immerhin: Der *Cut*, jene magische Grenze beginnt heute eher mit 55, nicht mehr mit 50. Aber was steht einer Karriere in diesem Alter im Weg? Im Job-Markt liegt die Vermutung nah, dass sich erwachsene Persönlichkeiten nicht mehr so steuern lassen wie eine Herde ehrgeiziger Jung-Erwachsener. Ein echtes Kaliber, das viele über 50 nun mal sind, widerspricht auch einmal und vertritt eigene Meinungen. Aber auch die junge Generation bringt inzwischen ein sehr gesundes Selbstbewusstsein mit.

Andererseits versprechen die Attribute der *Casualisierung* unendliche Gleichheit in Raum und Zeit und lassen uns manchmal vergessen, welchen Lebensweg wir tatsächlich bereits zurückgelegt haben. *„Fünfzig ist das neue Vierzig!“*, rufen uns die Motivationstrainer zu.

„Du bist wie ein guter Rotwein – mit den Jahren immer besser! Erfinde Dich neu! Die Lebensmitte kommt noch!“ Alles scheint machbar, auch ein Neustart im Rentenalter … wie auch immer sich das definiert. Nur die Wahrheit im Geschäftsalltag – die kann sehr ernüchternd sein.

Wer mit über 50 eine neue Aufgabe sucht, fällt zwangsläufig durch die Raster der Bewerbungsportale. Sich online zu bewerben bringt Ü50 nicht viel: Wenn Sie das Alter angeben, bekommen Sie *deswegen* eine Absage, ansonsten wegen des *fehlenden* Alters. Denn die Vorauswahl treffen inzwischen Algorithmen, keine Menschen. Ein Fachartikel der Internetseite *Industry of Things* vom 8. August 2019 bestätigt, dass *„Künstliche Intelligenz zur Zeit vor allem als Unterstützung bei der Vorauswahl eingesetzt“* wird. Dort haben Persönlichkeiten mit differenzierten Lebensläufen es schwer, überhaupt eingeladen zu werden und mit eben dieser Persönlichkeit zu überzeugen.

Anders ist es im Mittelstand, wo Bewerbungen (meist) noch von Menschen gesichtet werden. Unternehmen, die sich das Wissen der Erfahrung zunutze machen wollen, können keine bessere Idee haben, als für das erste Sichten von Bewerbungen Personalexperten aus Fleisch und Blut einzusetzen, anstatt eines Algorithmus'. Denn die wahren Werte eines Lebenslaufs stehen mit zunehmender Erfahrung zwischen den Zeilen, wenn die Ausbildung nur noch Grundlage dessen ist, was danach kam.

Bewerbungsstrategie 50+

Der CV, das berühmte *Curriculum vitae* (lat.), wird damit auch zum Schlüssel einer erfolgreichen Bewerbung – weniger das Anschreiben: Der Lebenslauf sollte einerseits komprimiert sein – andererseits konkret auf Projektkompetenzen und bereichernde Lebenserfahrung eingehen, chronologisch rückwärts aufgebaut sein und unbedingt ein aktuelles Foto enthalten, keines aus der sprichwörtlichen Jugend. Bewährt hat sich auch, in einem Deckblatt oder am Beginn des von hinten erzählten Lebenswegs, der Aktuelles an den Anfang des Dokuments setzt, einen kurzen Überblick über die „Highlights of Qualification", also die für den Empfänger relevanten Qualifikationen und Kernkompetenzen zu geben. So kann der Leser schnell entscheiden, ob sie oder er weiterlesen möchte.

Die zentralen Fragen, die sich jeder selbst beantworten sollte, sind:

- Wie kann ich kommunizieren, was mich ausmacht?
- Will ich überhaupt noch eine Karriere im karrieristischen Sinn?

- Welche Kompromisse kann ich eingehen, wenn ich noch ehrgeizig bin?
- Und wie komme ich als Person an?

Das verlangt reife Reflektion. Für viele ist ein Wechsel in dieser Lebensphase eine Chance, aus dem *Hamsterrad* herauszukommen. Andere halten fest an den Verdiensten und den Statussymbolen früherer Berufsjahre und merken gar nicht, dass sich die Welt seitdem gedreht hat. Sie sind aus ihrer Rolle nicht herausgekommen. Agile Methoden und eine junge, interaktiv und auf Augenhöhe denkende nachwachsende Generation aber haben Führung als hierarchisches Konstrukt weitgehend überflüssig gemacht. Heute geht es darum, Lösungen gemeinsam zu finden:

Ein Gespräch kann unglücklich verlaufen, wenn sich ein erfahrener Mensch vor einen viel jüngeren Personalentscheider (weiblich oder männlich) setzt und erst einmal erklären will, wie das Geschäft funktioniert. So etwas bestätigt Vorurteile und das Stereotyp, dass Ältere nur führen – und die Jüngeren lieber kleinhalten wollten. Das aber ist nicht im Interesse der Wirtschaft und der Unternehmen, daher auch der Appell, sich zunächst die Kompromisse zu vergegenwärtigen, die man bereit ist einzugehen.

Zum Anknüpfen echter Kontakte empfehlen sich berufliche *Social-Media*-Plattformen, in denen das fachliche Gespräch *vor* der Bewerbung kommt. So hat der bestechende Mix aus Persönlichkeit, Gelassenheit, geballter fachlicher Kompetenz und sozialem Feinschliff eine Chance, auch gesehen zu werden – denn viele Positionen werden gar nicht erst ausgeschrieben, sondern unter der Hand vergeben.

Kontaktpflege ist damit das A und O einer guten Neupositionierung – und zwar *bevor* eine Kündigung sie nahelegt.

Für Sie als Bewerberin oder Bewerber mit Lust auf eine neue Aufgabe bedeutet es, dass persönliche Kontakte weiter führen als zahllose Bewerbungen auf ausgeschriebene Stellen in Stellenbörsen – und dass Ihre Chancen steigen, je kleiner das Unternehmen ist. Dort sitzen noch Menschen, die verstanden haben, dass Alter tatsächlich das eine große *Ding* im Leben ist, für das niemand etwas tun muss. Jeder kommt dran.

Kontakte, Alter und die Schlüsse daraus haben also unschlagbare Vorteile wie Kompetenz und Selbst(er)kenntnis. *„Knowing yourself is the beginning of all wisdom."* – „Sich selbst zu kennen, ist der Beginn der ganzen Weisheit." Die schönen Worte finden sich nicht etwa auf einer Webseite der spirituellen Welt, sondern wundersamerweise auf der textilen Einkaufstasche einer Modeboutique in Israel, Rozit Gad Personal Styling & Fashion. Manchmal sind die schlichten Erkenntnisse die wirksamsten …

Eigen- und Fremdwahrnehmung

Einer der menschlichsten Witze, der mir in meiner Laufbahn zugetragen wurde, rankt sich um die Differenz von Selbst- und Fremdwahrnehmung. Leider ist die Quelle nicht bekannt – wie bei vielen Legenden. Und als lächelnder Leser mögen Sie ein Stück von Hans, dem Protagonisten der folgenden Feen-Geschichte, auch in sich selbst entdecken:

„Hans und seine Frau, beide so um die 60, treffen auf eine Fee. Die Fee sagt zu ihnen: ‚Weil Ihr seit 35 Jahren eine beispielhafte Ehe führt, gewähre ich jedem von Euch einen Wunsch.‘

‚Ich möchte mit meinem lieben Ehemann um die Welt reisen.‘ sagte die Frau. Die Fee betätigte ihren Zauberstab und Abrakadabra, zwei Reisetickets erschienen in ihrer Hand.

Nun war Hans an der Reihe. Er überlegte einen Moment und sagte dann: ‚Schön, dies ist ein sehr romantischer Augenblick, aber eine Gelegenheit wie diese hat man nur einmal im Leben. Nun, es tut mir leid mein Schatz, aber mein Wunsch ist es, eine Frau zu haben, die 30 Jahre jünger ist als ich.‘

Die Frau war zutiefst enttäuscht, aber ein Wunsch ist ein Wunsch. Die Fee beschrieb mit ihrem Zauberstab einen Kreis und Abrakadabra, plötzlich war der Ehemann 90 Jahre alt!“

Die Lehre aus der Geschichte ist nicht allein die Erkenntnis, dass Feen Frauen sind, sondern auch, dass die Selbstwahrnehmung besser nicht in Schieflage geraten sollte. Bevor Sie also eine lang ersehnte Kreuzfahrt *nicht* buchen, weil Sie „mit diesen alten Leuten nicht auf einem Kahn sitzen“ wollen, sollten Sie vielleicht noch einmal einen Blick in den Spiegel werfen.

In diesem Zusammenhang ist auch ein differenzierterer Blick auf das eigene Alter(n) spannend: Im Rahmen einer interaktiven Ausstellung der **Daimler AG** zum Beispiel kann man sein biologisches Alter sowie seinen Erfahrungswert einschätzen. Unter www.eyalter.com ermöglicht das Unternehmen Spezialisten und Managern, Alter zu überdenken und ein eigenes, innovatives Demografiekonzept zu entwickeln.

Unter der Rubrik „Biologisches Alter“ klickt sich der neugierige Besucher dann durch Fragen zu Entspanntheit, Schlafgewohnheiten, der Häufigkeit von Obst- und Gemüseverzehr, Alkoholgenuss und Zigarettenkonsum sowie Work-out und das Alter der eigenen Großeltern. Unter „Age of Experience“ geht es dann um die Beziehungslänge, den Zeitstrahl der eigenen Karriere, Auslandserfahrung und handwerkliche Fähigkeiten. Das erste sollte möglichst niedrig ausfallen, im Idealfall etwas unter dem eigentlichen Alter – das zweite möglichst hoch. Das alles zum Glück ohne Angaben von persönlichen Daten …

Old school – new fashion: Verbindlichkeit und die Vorteile des Älterwerdens

Die professionelle Wirkung in digitalen und analogen Netzwerken ist nicht zuletzt eine Frage der eigenen Haltung und Darstellung. Denn es gibt Gesten der alten Schule wie Verbindlichkeit, gehaltene Versprechen und gutes Benehmen, die alterslos machen und einen Zauber entfalten.

Zum Beispiel gibt es Menschen, von denen man weiß, dass sie antworten werden. Immer. Irgendwann, sobald sie können. Entsprechend kann man sich entspannt zurücklehnen und diese Antwort abwarten. Weil man vertraut und sich verlassen kann. Die Reaktion oder eine Zwischenmeldung wie „Bin landunter, melde mich nächste Woche" kommt manchmal per *WhatsApp* oder SMS, als Kurznachricht über eines der sozialen Netzwerke oder klassisch per Anruf. Fest steht, dass diese Menschen es verstanden haben, die *Old School* mit den modernen Kommunikationsmitteln zu verbinden. So viel Stil macht anziehend. Und man muss auch nicht über 50 sein, um diese Qualitäten zu leben.

Vertrauenswürdigkeit. Verbindlichkeit. Verlässlichkeit. Wer hat eigentlich gesagt, dass diese mit der Digitalisierung zum Alteisen der Beziehungsgeflechte gehören? Und wie lässt sich diese Form der Attraktivität in den normalen Wahnsinn eines 4.0-Alltags integrieren?

Verbindlichkeit hat zwei Seiten: Die gegenüber anderen – und die gegenüber der eigenen Aufgabe und Glaubwürdigkeit. Einmal zum Beispiel war ich mit einem jungen, ambitionierten Bankberater im Gespräch, der am Ende auf charmanteste Weise eine 5-Sterne-Bewertung einforderte. Nur war sein Telefonapparat im Beratungszimmer so staubig, dass man auf das Sichtfeld „Säuli" (Schweizerdeutsch: „Kleines Ferkel") hätte schreiben können. Auf den freundlichen Hinweis antwortete er, er wolle es der Reinigungskraft weitergeben. Was fehlte, war die Verbindlichkeit gegenüber der eigenen Aufgabe, denn der Besucherempfangsraum ist Sache des Gastgebers. Wie ein Pilot sein Flugzeug vor dem Start höchstpersönlich checkt, ist auch der Service-Check nicht nur Sache der Reinigungs-Fee, sondern die eigene Angelegenheit.

„Hat die keine anderen Sorgen?" wird sich mancher Leser jetzt fragen. Aber Vertrauen entsteht heute mehr denn je durch eine Glaubwürdigkeit, die über verbale Botschaften hinausgeht. In unserer Welt von Empfehlungsmarketing und digitalen Kaufimpulsen, in der begeisterte Kunden und soziale Netzwerke zu Vertriebstreibern werden, wird es höchste Zeit, das Moderne der alten Schule wiederzubeleben.

Viele Menschen schärfen erst mit den Jahren ihren Blick für Zusammenhänge und entdecken, dass es zwischen Weiß und Schwarz auch unzählige Graunuancen gibt. Das verfeinert den Umgang mit anderen und mit sich selbst – ein Vorzug, von dem nicht nur Teams und Tandems, sondern ganze Firmen profitieren können. Prozesse *zu Ende zu denken* und Konsequenzen vorauszusehen ist kein Talent, sondern das Ergebnis von kostbarer Lebenserfahrung und Menschenkenntnis.

Gibt es zwischen Wiege und Schaukelstuhl überhaupt eine beste Zeit für große Erfolge? Die Geschichte von Clara in der Mitte dieses Buches belegt, dass die großen Aufgaben ihren eigenen Zeitplan haben und dass die Jahre über 50 die besten werden können.

Über die eigene Nasenspitze hinaus denken: erfolgsrelevante *Cleverness*

Verantwortung für sich selbst und die eigene Ausstrahlung endet nicht auf der eigenen Hautoberfläche. Im Fall unseres oben beschriebenen Hoffnungsträgers von der Bank hätte dieser viel Achtung gewinnen können, wenn er den Lappen selbst in die Hand genommen hätte, nicht nur in den Augen seiner Klienten, sondern auch in denen der Reinigungskraft, die das Vorbild sicherlich verstanden hätte.

Aus der Perspektive des Empfängers zu denken schafft nicht nur im Internet Freunde: In einschlägigen Portalen werden Nutzer inzwischen durch veröffentlichte Antwortraten dazu erzogen, sich nicht nur überhaupt, sondern sehr schnell zurückzumelden, auch über Nacht. Sollte eine Reaktion als solche und in einem angemessenen Zeitrahmen nicht auch in allen anderen Kontakten wieder normal werden? Viel Frustration und Aggression resultiert doch aus einem einzigen zersetzenden Gefühl: dem Gefühl, ignoriert und *nicht gesehen* zu werden.

Eine ausbleibende Antwort trifft zudem eine Aussage über den, der sie schuldig bleibt. Dabei muss eine Rückmeldung nicht zeitintensiv sein. Ein kurzes „Freu' mich" als finale Bestätigung von Zeit und Ort für eine Verabredung schließt Missverständnisse aus und spart damit eine Menge Zeit, die sonst verloren ginge, wenn beide an verschiedenen Tagen am Treffpunkt erschienen. Denn auch die Aufklärung via Smartphone kann die dann verlorene Zeit nicht wieder einholen. Antworten sind bis zu einer dokumentierten Einigung erforderlich – oder wenn einer darum bittet. Beim Erhalt wichtiger Dokumente beispielsweise ist es nicht nur höflich, sondern angezeigt, den Empfang zu bestätigen, notfalls mit den knappen fünf Buchstaben d-a-n-k-e.

Eine hohe Kunst der Verbindlichkeit besteht darin, gemachte Zusagen auch einzuhalten. Leider hat unser Geschäftsleben auch versteckte parat – von der guten alten Garantie bis zum Werbeslogan, an dem die Mitarbeiter gemessen werden. Auch das ist ein Versprechen. Ganz anders läuft das allerdings oft im Umgang mit Sub-Lieferanten und Dienstleistern. Diese wären vielleicht zutiefst überrascht, wenn ein Auftraggeber sie nicht nur gut behandeln, sondern sich auch an Zahlungstermine und -vereinbarungen halten würde.

Der Tunnelblick auf zahlende Kunden vernebelt nämlich die Tatsache, dass auch „unten" potenzielle Kunden und Empfehler unterwegs sein können. Eine simple Idee, die auf das Image der Marke einzahlt – ob Firma oder Mensch.

Die Nachteile des Älterwerdens

Im Laufe der Jahre merkt man über 50 allerdings auch, dass man nicht mehr alles einfach wegsteckt – weder physisch noch psychisch.

Wie ein Lebenslauf differenzierter wird, Kurven und Umwege einschließt, wird auch der Instinkt durch die größere Erfahrungsbasis feiner – die Frische der Unbesonnenheit nimmt ab. Je nach Typ kann einem das auch im Weg stehen. Auch der Körper braucht länger, um sich zu regenerieren. Zuwenig Schlaf oder eine ungesunde Balance von Ernährung, Bewegung, Arbeit und Vergnügen rächt sich schneller und länger. Das gleichen Senior-Experten dafür mit einer besseren Planung und größerer Zielstrebigkeit wieder aus, denn die Umwege kennen sie ja schon.

Die Zeitung **DIE WELT** bemerkt dazu in einem Artikel über „Neue Chancen für die Generation 50 plus" von Christina Petrick-Löhr am 19. März 2019: *„Solche Erkenntnisse, verbunden mit dem leergefegten Markt für Arbeitskräfte, kommen in vielen Personalabteilungen an."* *Ein „Ende des Jugendwahns"* konstatiert daher auch El-Net-Experte Stefan Detzel. *„Die Gleichung: „Alt = unproduktiv" geht heute nicht mehr auf. Die Generation 50 plus ist nicht nur deutlich gesünder als ihre Alterskollegen vor etwa 20 Jahren, sie ist auch mobiler, neugieriger und generell lernwilliger."*

Lebenslanges Lernen und aktuelle Kenntnisse in der Digitalisierung zählen zu den Schlüsselkompetenzen, um am Arbeitsmarkt zu bestehen.

Wir kommen aus einer Zeit, in der Fortbildung meistens „Sache des Arbeitgebers" war. Aber wir gehen in eine Welt, in der sie auch im ureigenen Interesse ist: Anreicherung und Aktualisierung des eigenen Wissens, um die gewonnenen Lebensjahre auch zu nutzen und zu füllen. Lapidar könnte man auch sagen, dass man früher schon verstorben war, bevor neue Herausforderungen auf dem Plan standen. Dieser neue Geist darf in den Unternehmen ruhig ankommen, denn Arbeitnehmer und Arbeitgeber sind für Fortbildung *beide* verantwortlich. Und sie sollte mehr Lust als Last sein.

Für manche *Seniors* (das deutsche Synonym „Senioren" klingt so gar nicht nach Arbeitswelt) ist Selbstständigkeit auch heute die einzige – und vielfach auch erfolgreiche – Lösung, um weiterhin am Arbeitsleben teilzunehmen. Schon allein, um die so genannte „biografische Kontinuität" zu sichern. Parallel zu den sicheren Jahren eines Angestelltenlebens hat sich seit der Jahrtausendwende aber etwas Neues entwickelt und ist zur vollen Blüte gereift, das den Weg nicht gerade einfach macht: die Gratis-Mentalität des Internets.

Wissen ist zunehmend entwertet worden und wird vielfach nur noch honoriert, wenn eine hoch bewertete Positionierung nahe am Prominenten-Status dies nahelegt. Dann aber gibt es die Gage nicht etwa für das Wissen, sondern vielmehr für die Bekanntheit. *Publicity* ist die wahre Währung geworden. Das führt so weit, dass auch Filme mit *Influencern* statt gelernten Schauspielern besetzt werden, weil sich die Filmproduzenten aus deren Gefolgschaft Zuschauerzahlen versprechen.

Über eine weltweit bekannte US-amerikanische Astrologin wurde berichtet, dass sie wahre *Shitstorms* von ihren Lesern bekäme, wenn sie das Monatshoroskop nicht pünktlich zum ersten eines Monats online stelle – dabei ist ihre Leistung für die Fans von USA bis Neuseeland seit über 20 Jahren kostenlos.

Aus dem Vorteil des www ist also eine Forderung geworden. Für selbstständige Senior-Experten bedeutet es, dass sie mit ihrem besten Vorzug kaum noch Geld verdienen können – es sei denn, dieses Wissen ist für eine spezifische Zielgruppe relevant. Vorträge etwa, um das an einem Beispiel zu verdeutlichen, sind ein traditionelles Mittel, um Wissen weiterzugeben. Nur werden diese immer weniger honoriert. Heute läuft so etwas als „Werbung".

Die Auftraggeber, die keine sind, präsentieren sich derweil als Vertreter des hochkarätigen Unternehmertums. Grundlage des unternehmerischen Gedankens aber ist, dass Produkte bezahlt und Leistungen honoriert werden. Es mag sein, dass so mancher bühnenaffine Professor mit fester Position und entsprechendem Gehalt auch einmal einen Vortrag ohne Honorar hält, um seinen Status zu dokumentieren – oder ein *Newcomer* am Markt, um sich bekannt zu machen:

Nur graben sich beide damit den eigenen Markt ab.

Ein schwieriger Markt wiederum ruft etwas Altes auf den Plan, das neue Abhilfe verspricht: das Geschäft mit der Hoffnung. Optimierungsangebote für Selbständige und Vertriebsteams mit Umsatzdruck boomen nicht weniger als die Kosmetikbranche. Die Anbieter verstehen es sehr gut, das Gefühl von Unvollständigkeit und Minderwertigkeit entstehen zu lassen.

Aus *nichts* kann aber auch *nichts* entstehen. So könnte die freie Interpretation mancher spirituellen Führer (die übrigens oft sehr gewiefte Geschäftsleute sind) lauten. Unentgeltliche Leistung oder ein Geschäft, bei dem man draufzahlt, bringt erfahrungsgemäß nichts – außer weiteren Anfragen der gleichen Art. Wie bei der Kosmetik sollten Sie daher für sich herausfinden, bis zu welchem Punkt die Maßnahme notwendige Pflege oder aber unnötig verbranntes Geld ist.

Für das Anbieten der eigenen Leistung bedeutet es, dass es mindestens einen symbolischen und greifbaren Wert braucht: ein Minimal-Wertschätzungshonorar. Wie sich dieses beziffert, ist dem individuellen Selbstwert überlassen und sollte auch in seiner Häufigkeit pro Geschäftsjahr limitiert werden. Sonst laufen Sie Gefahr, den größeren Rest Ihres beruflichen Lebens *non-profit* unterwegs zu sein.

Im Geschäftsleben kann man es sich nicht immer aussuchen, mit wem man zu tun hat. Dennoch sollte man Ansprechpartnern und Leuten den Vorzug geben und ihnen Zeit widmen, denen man auch vertrauen kann und mit denen man auf einer Wellenlänge liegt. Das verbessert die Qualität in der Arbeit signifikant. Denn manche kennen einen nur, wenn es gerade gut läuft. Diese „Freunde“ brauchen Sie dann auch nicht mehr. Es ist ein bisschen wie im Privatleben: Wer zu Ihrer Beerdigung nicht kommen würde, braucht auch auf die Hochzeit nicht eingeladen zu werden.

Wer schon einmal eine hoch bewertete Position verloren hat, kennt die Veränderung im Verhalten der Kontakte, die damit einhergeht. Manche kennen einen dann nämlich nicht mehr oder benehmen sich irgendwie merkwürdig. Langfristig hat das unschlagbare Vorteile, wenn sich die Spreu des Netzwerks vom Weizen trennt. Wenn man aber umgekehrt nicht zur überflüssigen Spreu gehören will, ist Courage gefragt.

Auch Stimmungen und Sympathien folgen einer Schwarmintelligenz, die nicht erklärlich ist – aber vorhanden. Wenn einem die Person aber wichtig ist, unabhängig von ihrem Titel, sollte man klar Position beziehen. Auch wenn man damit non-konform unterwegs sein sollte. Daran wird sich der Betroffene erinnern, wenn er den nächsten Top-Job antritt. Ein Netz aus starken Schnüren und mit festen Knoten hält schließlich auch einen größeren Fang aus.

Im Business Ü50 ist das nicht anders. Eine Veränderung oder Pensionierung mindert den Wert des Wissens überhaupt nicht – wenn es nicht brach gelegt wird. Im Gegenteil: Es ist dann so aktuell und von so viel Erfahrung getragen wie nie zuvor. Ist es nicht Zeit, die Altersgrenze unserer kollektiven Vorurteile hinter uns zu lassen und zu sehen, welches Potenzial da ist? Wo der Einzelne Spaß haben und einen sinnvollen Beitrag leisten kann? Natürlich gibt es Menschen, die mit jahrzehntelanger Freizeit wunderbar zurechtkommen und dabei glücklich alt werden. Aber zum „Alteisen" will eigentlich niemand gehören, am allerwenigsten die Statusjäger selbst. Es ist der Zwang nach stabiler Aktualität, der sie umtreibt und zu dem buchstäblich merk-würdigen Verhalten führt.

Arbeiten für die Gesundheit

Was geschieht mit einem Menschen, der sich nicht mehr gebraucht fühlt? So mancher wird krank und belastet nicht nur das Gesundheitssystem, sondern vor allem sich selbst. Es gibt zum Beispiel das Sprichwort des „Rentnertods nach einem Jahr". Nach einer Pensionierung werden erst einmal all die Dinge getan, die man „immer vor sich hergeschoben hat und schon lange mal tun“ wollte. Das Haus bekommt einen neuen Anstrich, Reisen werden nachgeholt und die Müdigkeit des Erwerbslebens aus dem Leib geschlafen. Und dann?

Die Angst vor dem freien Fall in die Bedeutungslosigkeit wird tabuisiert und zu wenig thematisiert: Wohin mit der Energie, die da noch ist? Wohin mit all der Erfahrung, bevor sie überholt wird?

Eine Ausnahme sind Berufsbilder, die mit einem hohen Maß an Anspannung und menschlicher Verantwortung verbunden sind, Mitarbeiter der Flugsicherung etwa oder Anästhesisten empfinden viel Druck. Aber auch diese brauchen danach etwas, das sie erfüllt. Das Hormon Dopamin gilt im Volksmund als „Glückshormon“. Und weiter findet sich im Lexikon: *„Die tatsächliche psychotrope Bedeutung des Dopamins wird allerdings hauptsächlich im Bereich der Antriebssteigerung und Motivation vermutet. … Dopamin wird auch als Arzneistoff verwendet, beispielsweise zur Behandlung des Herz-Kreislauf-Schocks.“*

Bei einem Menschen, der nicht mehr gebraucht wird, mag es genau an dem fehlen. Auch Fotograf Karsten Thormaehlen, der sich als Porträtist der 100-Jährigen einen Namen gemacht und das Coverfoto für dieses Buch zur Verfügung gestellt hat, beobachtet bei den zufriedenen und gesunden Hochbetagten folgende Gemeinsamkeit: Sie haben eine positive Lebenseinstellung und stellen sich Aufgaben.

In der Demenzforschung gilt es inzwischen als gesetzt, dass eine (Lebens-)Aufgabe eine schützende Funktion gegen diese Krankheit hat. Dagegen ist an alten Menschen, die sich einer Rundumpflege anvertrauen, häufig zu beobachten, dass sie dann auch geistig rapide abbauen.

Auf meine Frage, ob es Hinweise auf einen Zusammenhang von „gebraucht werden“ bzw. einer sinnvollen Beschäftigung und der Entwicklung von Krankheiten gäbe, habe ich in meiner Recherche keine Antworten bekommen. Eine der größten Deutschen Krankenkassen schrieb mir: *„Informationen oder Statistiken, ob es einen Zusammenhang zwischen dem subjektiven Empfinden, gebraucht zu werden, und der Entwicklung von Krankheiten gibt, liegen uns als Krankenkasse nicht vor. Vielleicht wäre die Psychotherapeutenkammer ein Ansprechpartner für Sie?“* Die aber antwortete vorsichtshalber überhaupt nicht.

Depressionen, Bluthochdruck, Herzinfarkt, das Risiko von Schlaganfall, der Konsum von Beruhigungs- und Schmerzmitteln sowie abhängig machenden Schlafmitteln, versteckte Süchte: Wo werden sie alters- und situationsbezogen erfasst und behandelt?

 Artikel mit Titeln wie „Rente: Wer eher geht, ist früher tot“ (T-Online, 2010) oder „Im Alter siegt die Sucht“ (Zeit.de, 2015) beziehen sich vor allem auf die Gefahr in der Veränderung der Lebensgewohnheiten, denn Einsamkeit bedrückt. Auch würden Symptome der Abhängigkeit von Familien und Hilfspersonen zu oft als Zeichen des normalen Alterns interpretiert.

Schließlich begegne ich in meinen Recherchen Wolfgang Prosinger (1948–2016), einem Journalisten des **Tagesspiegel**, dessen 2014 erschienene Erzählung „In Rente“ viel Achtung bekam. In einem auf Amazon veröffentlichten Interview mit Ulrike Bauer beschreibt er einen Zustand, den ich so zusammenfassen möchte: *„Ich glaube, dass unter Rentnern viel gelogen wird. Endlich ist man sein eigener Herr, ist ins ersehnte Reich der Freiheit eingetreten. Aber … man langweilt sich stattdessen … fühlt sich rausgeschmissen aus der Welt. Das wirkliche Leben spielt anderswo. Aber wer will das schon zugeben?“* Von ihm soll auch das Zitat stammen: *„Wäre die Rente ein Medikament, würde man sie verbieten, wegen der Nebenwirkungen“*.

Patrick Diemer, der im zweiten Interview zu Wort kommt, formuliert es in einer E-Mail positiv: *„Nichts fällt mir leichter, als mich motiviert für die Sache und fürs Team reinzuhängen. Und nichts liegt mir ferner, als mir Dauerfreizeit zu wünschen. Es ist ein Privileg, einen tollen und motivierenden Job zu haben. Und entweder habe ich die richtige Einstellung oder ich rede mir das Leben schön, denn* *so geht es mir schon seit vielen Jahren. Ist das nicht eine Frage völlig unabhängig vom Alter?"*

Menschen, die so denken, verstehen Arbeit nicht als etwas Vorübergehendes, nach dessen Ende der Spaß erst kommt, sondern als Lebensaufgabe. In der Realität sieht das allerdings ganz anders aus:

Zwar steigen die Beschäftigungszahlen Älterer ab 55 Jahren prozentual zu denen der Erstauflage dieses Buches deutlich an. So sind in der Altersgruppe von 55 bis unter 60 Jahren erstaunliche + 10,2 % und bei den 60- bis unter 65-Jährigen sogar + 40 % Beschäftigte zu verzeichnen. Die Rechnung mit Prozentpunkten ist aber so eine Sache – zweistellige Entwicklungszahlen von wenig sind immer noch nicht viel ...

Diese Entwicklung in der Beschäftigung Älterer beruht wohl eher darauf, dass die Babyboomer nun in die Jahre kommen – nicht etwa auf der aktiven Integration Älterer in den Arbeitsmarkt. In der Altersgruppe über 65 Jahren reden wir nämlich nur noch von knapp 588 Tausend der aktuell 34,9 Millionen Beschäftigten.

Als Leser:in aus Europa oder (deutschsprachigen) Nachbarländern sehen Sie mir bitte nach, dass ich mich auf Zahlen in Deutschland beziehe.

Offenbar wird die Erwerbstätigkeit in unserer Gesellschaft noch immer stark an einem Renteneintritt mit Mitte 60 festgemacht.

Wenn aber 50 das neue 40 ist, sollten Menschen mit Erreichen des Rentenalters noch über die Kraft eines oder einer 55-Jährigen verfügen.

In einer Tabelle über *sozialversicherungspflichtig Beschäftigte nach Altersgruppen* finden sich schließlich diese vierteljährlich erhobenen Zahlen per Januar 2024. Hier ist von Menschen – nicht Prozenten die Rede:

Personen insgesamt inkl. aller unter 45-Jährigen	34,9 Mio. (+ 4,4 %)
45 bis unter 50 Jahre	3,54 Mio. (- 9,7 %)
50 bis unter 55 Jahre	3,90 Mio. (- 16,2 %)
55 bis unter 60 Jahre	4,48 Mio. (+ 10,2 %)
60 bis unter 65 Jahre	3,26 Mio. (+ 40,0 %)
65 Jahre und älter	knapp 588 Tausend (+ 73,2 %)

Tabelle 1: Zahlen per Januar 2024. Die prozentuale Entwicklung bezieht sich auf die Vergleichszahlen von September 2018 (1. Auflage). https://www.destatis.de/DE/Themen/Arbeit/Arbeitsmarkt/Erwerbstaetigkeit/Tabellen/altersgruppen.html

Hier endet die Tabelle. Was wird aus den fitten 65-Jährigen, die gefühlt 55 sein müssten? Was aus Ü70-Jährigen mit einem biologischen Alter von 60? Denn die

Prognose strebte 13 Millionen ältere Erwerbstätige für das Jahr 2025 an. Wo auch immer *älter* beginnt.

Eine durch das Job-Netzwerk XING in Auftrag gegebene und im August 2024 veröffentlichte Studie von 1000 Personen im Durchschnittsalter von 62,5 Jahren vermittelt, dass und warum die Generation 50+ auch im Rentenalter noch arbeiten möchte. Zum Beispiel geben 56 % an, den Kontakt zu anderen Menschen nicht verlieren zu wollen. 33 % sehen Arbeit als ein Mittel zur Selbsterfüllung. Selbstverständlich setzt das entsprechende juristische Grundlagen voraus.

Was die Unternehmen angeht, moniert auch der Bundesverband Initiative 50plus Europa, dass *„50 % der Betriebe aktuell gar keine Mitarbeiter über 50 Jahren beschäftigen"* und resümiert, dass ihnen daher jegliche Erfahrung im Umgang mit älteren Mitarbeitern fehle. Um aber den gewohnten Wohlstand zu halten, werden Firmen die dafür notwendige Wertschöpfung zunehmend mit älterem Personal erwirtschaften müssen.

Altern neu definieren

Dr. John R. Beard schreibt in seinem gleichnamigen Vorwort für die Veröffentlichung „Silver Heroes" von Karsten Thormaehlen: *„Wenn wir dafür sorgen, dass ältere Menschen gesünder und länger leben, wenn wir* *sicherstellen, dass wir die Lebensmitte und nicht nur das Lebensende verlängern, dann können diese gewonnenen Jahre genauso effektiv sein wie all die Lebensjahre zuvor.“* John Beard, MBBS (Bachelor der Medizin und Chirurgie) und PhD (Doktor der Philosophie) ist Direktor der Abteilung für Altern und Lebensverlaufsperspektive bei der Weltgesundheitsorganisation WHO in Genf. Er ist verantwortlich für eine verbesserte Wahrnehmung, welche das Altern als eine treibende Kraft für die Entwicklung der allgemeinen Gesundheit im 21. Jahrhundert versteht.

Es geht also darum, die Lebensmitte zu verlängern, nicht das Ende – und es wird Zeit, dass Unternehmen *und* die fitten Älteren umdenken und sich auf den Weg begeben.

Ein von der Unternehmensberatung **Price Waterhouse Coopers** (PwC) seit 2003 jährlich veröffentlichter *Golden Age Index* (GAI) zieht einen internationalen, ganzheitlich betrachteten Vergleich der Arbeitsmarktlage älterer Arbeitnehmer. Dieser berücksichtigt schwerpunktmäßig die Beschäftigungsraten im Alter von 55 bis 64 und 65 bis 69, außerdem aber auch geschlechtsbezogene Unterschiede innerhalb dieser Raten, Teil- und Vollarbeitszeitmodelle, das durchschnittliche Austrittsalter und die Teilnahme an Fortbildungen. Die folgenden Zahlen sind auch dem Forschungsbericht 4/2024 des Instituts für Arbeitsmarkt- und Berufsforschung (IAB) zu entnehmen, einer Forschungseinrichtung der Bundesagentur für Arbeit:

In der Beschäftigung der 50- bis 64-Jährigen belegen per 2022 innerhalb der OECD Neuseeland, Island, Japan, Norwegen und Schweden die ersten 5 Plätze, gefolgt von Deutschland auf Platz 6. Anders in der Beschäftigung ab 65: Deutschland liegt hier auf Platz 16, fünf Prozentpunkte hinter dem OECD-Durchschnitt. (Quelle: www.oecd.org)

Älter zu werden und dabei zu arbeiten hat in den nächsten Jahren international Vorbildcharakter. Senior-Experten zu beschäftigen ebenfalls. Beides sollten sich Staaten und Unternehmen nicht entgehen lassen.

36

Ungewöhnliche Karriere: Ein Gespräch mit Clara

Es ist gut, mit Menschen zu sprechen, die einen Blick zurück zu werfen haben. Sich umzudrehen und hinzusehen verlangt Courage. Clara gehört einer Generation an, in der nur wenige Frauen einem Beruf nachgingen. Noch ist sie keine der in den Medien *gehypten* 100-Jährigen, sie blickt aber auf eine Berufskarriere zurück, die in ihrer Zeit alles andere als selbstverständlich war.

Geboren 1936 in einer mittleren deutschen Kleinstadt verbrachte sie ihre Kindheit in den Wirren des Zweiten Weltkriegs. Als Einzelkind einer Kriegswitwe, die als Sekretärin (damals wurde der Begriff noch verwendet) zunächst bei den Französischen Besatzungstruppen arbeitete, um sich und die Tochter durchzubringen, blieben dem Mädchen nur Unmengen Literatur – weit entfernt von heutigen Kinderbüchern – als Beschäftigung. *Und* ein unbändiger Wille, aus dem eigenen Leben etwas zu machen: 1953 gewann sie, 17-jährig, ein Stipendium für einen einjährigen Auslandsaufenthalt in den USA, um ihr Abitur ein Jahr später und um viele Lebenserfahrungen reicher nachzuholen.

Die belesene junge Frau träumte von einer Karriere als Schauspielerin, träumte von Shakespeare und Lessings „Minna von Barnhelm". Nur der rigorose Wunsch ihrer Mutter, etwas „Richtiges" zu machen, bewegte sie dazu, neben der Schauspielerei das ungeliebte Jura-Studium aufzunehmen – ein Doppelstudium, zu dem sie so ganz nebenbei auch das Ehrenamt der ASTA-Vorsitzenden beim Allgemeinen Studenten-Ausschuss annahm. Ein Kommilitone schwärmt noch heute von ihrer Antrittsrede: *„Die Altherren der Universität stießen sich lächelnd in die Seiten, als sie kamen um zu hören, was das „Mädchen" wohl zu sagen habe … Und dann kam Clara. Mit ihrer schauspielerfahrenen Stimme und ihrer Bühnenpräsenz brachte sie einen ganzen Saal zum Schweigen."* Das war Ende der 50er Jahre.

Die Liebe zum Schauspiel gewann – aber auch der Wunsch nach vielen Kindern, damit keines so allein sein sollte wie sie selbst. Nach einigen Jahren bei den Berliner „Vaganten" hängte Clara die Bühnenkarriere an den Nagel, um einer *sicheren* Tätigkeit nachzugehen: Schließlich gab es inzwischen vier Kinder und einen Mann, der als Arzt an einer Klinik auch seine internationalen Ambitionen im Sinn hatte. Schon damals war es nämlich so, dass Bekanntheit ihren Preis hatte, auch in Form unzähliger Dienstreisen, die eben *nicht* der Arbeitgeber bezahlte.

Anfang der 70er Jahre verklagte Clara ihren eigenen Arbeitgeber auf Festanstellung, gewann den Prozess und legte damit den Grundstein für eine beispiellose Karriere als Nachrichtensprecherin bei einem Sender, dem sie die nächsten 25 Jahre lang im Schichtdienst treu war. Sie blickt auf 38 Jahre beim Radio zurück. Wenn ihre Kinder Sehnsucht nach der Mutter hatten, stellten sie einfach zur vollen Stunde das Radio an. Betreut wurden sie nach englischem Vorbild von einer Nanny, was der Beziehung zur Mutter aber keinen Abbruch tat. Das ist wichtig zu erwähnen, weil wir noch immer in einer Gesellschaft leben, in der Vollzeit arbeitende Mütter vom Umfeld schnell als „Rabenmütter" tituliert werden. Aber ist es nicht auch die Aufgabe von Eltern vorzuleben, dass man für eigene Ziele und Inhalte einsteht?

Clara war 50, als sie gebeten wurde, im Fernsehkanal des Senders die „Internationale Presseschau" zu lesen. Und so bekam sie spät in ihrer Berufslaufbahn doch noch eine Bühne.

Mit Recht kann sie als eine Amazone in der *Community* der Karrierefrauen gesehen werden. Wir erkennen in ihrer Geschichte, dass Kinder mit einer berufstätigen Mutter nicht leiden müssen – sofern sie nicht alleine sind. Claras Weg belegt aber auch, dass Karrieren nicht immer nach Plan verlaufen und dass sich unsere Gesellschaft keinen Gefallen damit tut, die gebündelte Kompetenz der Lebenserfahrung in den Ruhestand zu schicken … wie das folgende Interview zeigt. Gestandene, erfahrene Persönlichkeiten wollen auch jenseits des Großeltern-Jobs gebraucht werden – wenn auch nicht zu 100 Prozent.

Sinnvolle Konzepte sind nicht nur eine Antwort auf die Betreuungsfrage, sondern auch ein Beitrag zu einem tragfähigeren Gesundheitswesen.

Mit dem Alter ist Clara wortkarg geworden. Belesen ist sie aber noch immer, verschlingt Biografien politischer Menschen der Gegenwart und Vergangenheit von Willy Brandt bis Michele Obama. Zeit ist etwas, das sie heute hat. Damals aber, im Lauf des Lebens, hatte sie keine, um (sich) diese Fragen zu beantworten:

Clara, wann hast Du Dir die Altersfrage im Beruf das erste Mal gestellt?
Überhaupt nicht!

Was hat der Wechsel zum Fernsehen für Dich verändert?
Ich habe die Presseschau nicht stattdessen, sondern parallel zum Nachrichtendienst beim Radio gemacht. Das hat mir die Stabilität des Vertrauten

– und gleichzeitig die Vielfältigkeit eines neuen Mediums gegeben. In einer langen Karriere braucht man Herausforderungen.

Worin liegt Dein Erfolg begründet? Was sind Deine Geheimnisse?
Da gab es keine Geheimnisse, ich war einfach nur ich selbst, habe aber Beruf und Privat immer getrennt. Da waren einige jüngere Fernsehansagerinnen …

Wie ging es Dir nach der Pensionierung im Alter von 60?
Das ist ein wunder Punkt. Einerseits war ich froh, dass ich aufhören konnte. Der Schichtdienst beim Radio hatte ja auch seinen Tribut gefordert. Andererseits fehlte etwas Elementares in meinem Leben. Auch wenn ich wusste, dass das Ende der Berufslaufbahn kommen würde, bin ich danach in ein Loch gefallen. Mit der Pensionierung kamen dann die Krankheiten: erst Brustkrebs, dann Darmkrebs, zuletzt ein Schlaganfall.

Was für eine Beschäftigung hättest Du Dir noch gewünscht?
Wissen weiter zu geben. Ich hatte zu dem Zeitpunkt auch einen Lehrauftrag für Sprechen und Textgestaltung an der damaligen Hochschule der Künste für Schauspiel. So etwas kann man bis ins hohe Alter machen, aber mit der Pensionierung ist man auf ein-

mal nicht mehr so interessant. Dabei ist das Wissen zu diesem Zeitpunkt topaktuell und bringt so viel Berufserfahrung mit wie nie zuvor. Darauf sollte man nicht verzichten.

Bereust Du etwas?
Ich hätte gerne noch fürs Theater weitergemacht.

Clara im Alter von 59 (Foto: privat)

Patrick Diemer 2019 (Foto: AirPlus / Joppen)

Finde ich das, was ich tue bereichernd? Ein Gespräch mit Patrick Diemer

Patrick Diemer war einer dieser Geschäftsführer mit dem bestimmten Lebensalter über 60. Zum Zeitpunkt unseres Gesprächs war er Vorstandsvorsitzender der **Lufthansa AirPlus Servicekarten GmbH**. Aber auch ihn holte die auf ein Rentenalter konzentrierte Denke seines Konzerns bald ein:
Er wurde höflich daran erinnert, dass er nun das Alter erreicht habe, wo er … Heute ist er selbständiger Unternehmensberater mit mehreren Aufsichtsrats-Mandaten und Business-Angel für Start-ups. In seiner Berufung nach dem Beruf ist er also genauso im Ehrenamt (unter anderem) als Vorsitzender für das Europäische Netzwerk der Geschäftsreiseverbände tätig, wie er als Berater mit Tagessatz buchbar ist. Seiner Branche „Travel Payment" ist er damit treu geblieben und greift so bis heute auf eine der wertvollsten Ressourcen zurück, die man als *Senior* den *Young Professionals* voraus hat: Auf kostbare Kontakte und belastbare Geschäftsbeziehungen.

Von dieser Entwicklung war aber noch nichts zu ahnen, damals im Gespräch 2019. Sie ist aber Zeugnis dafür, dass Patrick Diemer lebt, was er erzählt.

Seinen Titel hatte er schon lange von der Visitenkarte genommen. Unprätentiös ist er, so agil wie seine Führung und auch stilistisch ein Typ. Die eher klassischen Stationen seiner Laufbahn bei **Visa** und **Commerzbank** haben jedenfalls nicht zu jenem monochromen Auftreten geführt, das man Managern so gerne nachsagt. Und so entstand im lebhaften einstündigen Austausch dieses Interview über *Diversity* und das „Bild in den Köpfen der anderen".

Herr Diemer, mit 50+ eine neue Aufgabe oder einen Jobwechsel hinzubekommen, scheint sehr schwierig zu sein. Wie handhaben Sie die Altersgrenze im Recruiting bei AirPlus?
Diversität – egal ob *Gender,* International oder auf das Alter bezogen – ist eine Daueraufgabe, die permanentes Engagement der obersten Führungsspitze verlangt. Ich will Ihnen eine Geschichte dazu erzählen: Wir haben drei Mitarbeiter angesprochen, ob sie in Teilzeit über die Altersgrenze hinaus länger für uns arbeiten wollten. Die Reaktionen derjenigen selbst waren sehr positiv. Sie haben unsere Anfrage als Lob empfunden, und auch die juristischen Bedenken haben sich nicht materialisiert. Kritische Stimmen kamen dagegen aus unserem mittleren Management, das förmlich gezwungen werden musste. *„Irgendwann ist es auch einmal gut.",* hieß es.

Es ist unglaublich schwer, vorgefasste Meinungen zu ändern –, und die Altersgrenze ist in der DNA vieler Unternehmen, in ihrem *Mindset* festgeschrieben. Und auch juristisch: Wer Menschen oberhalb des Rentenalters beschäftigen möchte, bewegt sich nicht im rechtssicheren Raum was die zeitliche Begrenzung der Beschäftigung angeht.

Was ändert sich mit Erreichen dieses magischen Alters auf der persönlichen Ebene?

Die „public perception" ist anders, also die Wahrnehmung der Umwelt – das Bild in den Köpfen der anderen, wenn Sie so wollen. Aber man selbst ist immer noch die oder der Gleiche. Dieser Kontrast ist mir genauso vor ein paar Jahren bewusst geworden.

Wenn zum Beispiel mit Menschen um die 60 neue Arbeitsverträge geschlossen werden, werden auf einmal Befristungen eingebaut, die nicht nötig wären. Aus dieser Betrachtung heraus kann ich mittlerweile sehr gut verstehen, wenn Frauen in Führungspositionen von der gläsernen Decke sprechen. In der Diskussion um Arbeit in älteren Lebensjahren ist das Rentenalter diese Barriere, die Schwelle, die es zu überwinden gilt. Die Arbeitsrechtsprechung sieht Menschen im Arbeitsleben oberhalb dieser Grenze aber kaum vor, da sehe ich noch Regelungsbedarf.

Gibt es etwas in der Genderdiskussion, das besser geworden ist?
Mütter und Väter gehen inzwischen nach der Elternzeit früher wieder arbeiten. Das finde ich gut, weil der Anschluss an das sich ständig entwickelnde Wissen dann gewährleistet ist. In unserem Unternehmen sehe ich große Fortschritte bei Frauen in Führungspositionen und bei der Vereinbarkeit zwischen Familie und Beruf, etwa dem pünktlichen Ende von Meetings.

Wenn Sie *Senior Professionals* einstellen wollten, welche Kriterien sind aus Ihrer Sicht relevant?
Von 60-Jährigen erwarte ich das Gleiche wie von 30-Jährigen. Wissen Sie, Skurrilitäten lassen wir beiden durchgehen, wenn sie fachlich spitze sind. Jemand mit 60 sollte daher genauso flexibel und professionell sein wie jemand mit 30 – und genauso digital! Die Akzeptanz in jüngeren Teams läuft maßgeblich über die digitale Fitness – womit wir bei der eigenen Fortbildung und dem lebenslangen Lernen sind.

Ihre persönliche Einstellung zur Beschäftigung Älterer und die Handhabe in Ihrem Unternehmen sind ja nicht gerade deckungsgleich. Was würden Sie Menschen raten, die sich fragen, ob oder ob nicht sie länger arbeiten sollen?

Einfach machen und ausprobieren. Angstfrei nach neuen Aufgaben fragen. Die Initiative ergreifen. Das ist mein Rat. Wir haben an vielen Stellen noch eine konservative Kultur, sehr feste tradierte Strukturen. Das zu verändern ist ein gesellschaftliches Thema, das uns alle angeht. Wer seinen eigenen Weg geht, sollte einen Sinn darin sehen und Spaß dabei haben.

Jungsein beginnt im Kopf … Was tun Sie für sich?
Ich habe Spaß an Herausforderungen. Aber ich kann auch gut abschalten: Das iPhone wegzulegen ist eine Erfahrungsfrage.

Im Lauf der Jahre wird man gelassener, beispielsweise lese ich in meinen E-Mails kaum noch welche, die ich in CC erhalte. Denn Kontrollanspruch stresst. Wenn es wirklich relevant ist, erzählt es Dir einer und die Botschaft erreicht Dich auch so.

Was ich aber auch gelernt habe: Ich brauche konsequentere Auszeiten, je älter ich werde.

Wie schafft man es, nicht mehr als Welpe und noch nicht als Fossil wahrgenommen zu werden?

In ihren Dreißigern übernehmen viele Menschen Verantwortung von nicht geringem Gewicht: Partnerschaft, Kinder, berufliche (Führungs-)Aufgaben. In diesen Jahren haben Geist und Gestalt aber noch eine eher jugendliche Ausstrahlung – die Ausbildung ist gefühlt „gerade erst vorbei“, das Gesicht zeigt noch wenig Erfahrungslinien, und der Körper erinnert an den eines jungen Menschen. Viele Männer bekommen zum Beispiel erst in der zweiten Hälfte ihrer Dreißiger breitere Schultern und ein breiteres Kreuz und entwickeln die Figur eines erwachsenen Mannes.

In diesen Jahren versuchen sich viele Frauen und Männer durch ihre Bekleidung im Job mehr Strenge zu geben, um ernst genommen zu werden und die nötige Durchsetzungskraft auszustrahlen. (In Interviews werde ich immer wieder gefragt, was es ist, dass gerade junge, hübsche Frauen tun können, um äußerlich mehr Format zu entwickeln.)

Und einen gefühlten Augenblick später scheint alles schon wieder vorbei: Die Zeitspanne zwischen Ende 30 und Anfang 50 ist effektiv nicht sehr groß, macht aber einen riesigen Unterschied. Die Linien der Erfahrung stellen sich ein, bei manchen manifestiert sich statt des Waschbrett-Bauchs eine Gourmet-Wölbung und erzählt Geschichten, wie man in den letzten zehn Jahren gelebt hat. Als echter Spätzünder reagiert unser Körper nämlich zeitversetzt, so dass sich der eine oder andere Genuss nicht gleich – später aber umso nachhaltiger zeigt. Umgekehrt lautet die gute Botschaft:

Was Sie heute für sich tun – so sehen Sie in zehn Jahren aus.

Mit Ü50 kann man buchstäblich einiges bewegen, um die Figur und die Optik halbwegs zu halten, nur wird es im Laufe der Jahre immer mehr, damit es gelingt … Belohnt wird das, wenn junge *Klamotten* noch passen und richtig gut aussehen können. Etwas Entspanntheit gehört aber ebenfalls dazu: Gerade in reiferen Jahren kann zu viel Verzicht auch die Gesichtszüge schärfer werden lassen – während ein paar Kilo mehr einen glättenden Effekt haben. Und genügend Genuss gewürzt mit einer Prise Selbstironie tut auch der Ausstrahlung gut.

Einer dieser Männer, der sein Altern mit Charisma wettmacht und mit den Jahren an Attraktivität noch gewonnen hat, drückt es so aus: *„Als mein Körper jung und knackig war – in den 80er Jahren – war die Mode over-*

sized. Heute, wo sie für uns Männer körpernah ist und meinem Figurtyp entgegenkommt, ist mein Körper alt geworden.“ Da muss der perfekte Kompromiss her: Die schmalen Passformen des aktuellen Männer-Zeitgeistes – aber weit genug, damit es nicht peinlich wird. Dafür tobt er sich heute mit expressiven Mustern aus, an die er sich als junger Mann nie herangetraut hätte. Übrigens zeigen sich am fernen Modehorizont wieder lässige, weite Hosenformen, die in unserem Männer-Modebild leider *noch* nicht ihren Platz gefunden haben. Die sehr schmalen Hosenformen haben nämlich einen großen Nachteil: Sie bleiben an den Waden hängen, wenn Mann aus der sitzenden Position aufsteht, was so manchen dazu zwingt, mit dem Fuß aufzustampfen oder das Hosenbein bückend per Hand wieder in Position zu bringen. *Cool* sieht beides nicht aus.

Was macht älter, was jünger?

Die *Casualisierung* des textilen Zeitgeistes, die mittlerweile auch im aktiven deutschen Wortschatz angekommen ist, gibt uns eine Aufgabe auf, die wir nicht unterschätzen dürfen:

Während die Bekleidung des Alltags – so scheint es – immer jünger wird, gelingt die Verjüngung des Körpers noch lange nicht. Denn Kleidung kann die Vergänglichkeit der Jugend nicht ungeschehen machen. Hoodie statt Faltencreme, hautenge Hosen statt edler Tuche und fröhliche (Turn-)Schuhe unter vom Leben ernst gewordenen Gestalten: Das macht kein bisschen jünger, denn Kontrast betont. Gerade das lässige Leben verlangt von uns, zu unserem Alter bekennend zu stehen. Je jugendlicher nämlich ein Kleidungsstück, desto sorgfältiger will es ausgewählt und kombiniert werden, wenn wir die ungeschriebene, magische Grenze des Erwachsenenalters überschritten haben.

Das Schöne an dieser unumstößlichen Tatsache und dem ebenso unumgänglichen Reifeprozess ist, dass wir alle im selben Boot sitzen. Ohne Ausnahme. Helen Hayes, eine US-amerikanische Schauspielerin, die ein für ihre Generation recht hohes Alter erreicht hat, soll einmal die köstliche Maxime definiert haben: *„Das Alter ist unwichtig – es sei denn, Du bist ein Käse.“*

Das Käse-Argument darf aber keine Ausrede für T-Shirts mit kindlichen Aufdrucken, die im Volksmund auch „Midlife-Crisis-Shirts“ genannt werden, und sonstige juvenile Attribute sein, die eben oft das Gegenteil bewirken. Gerade im Job sollte man sich klarmachen, dass man ja später wieder dagegen anarbeiten muss, wenn der textile Eindruck, den man abgibt, ebensolche (Nach-)Lässigkeit im Umgang mit Zahlen, Daten und Fakten vermuten lässt.

Es gibt ein paar Gedankenansätze, sozusagen als „Prinzip dahinter", die Sie so erwachsen aussehen lassen wie Sie sind – und so jung wie Sie sich fühlen. Dem sind die nächsten Kapitel gewidmet.

Ein paar Maximen vorneweg:

- Man sollte Ihnen an der Kleidung, am Make-up und auch am Styling niemals ansehen, wann Sie jung waren. Trends vergangener Dekaden wirken an reifen Persönlichkeiten nämlich nicht hip – sondern verräterisch.
- Abgetragene Kleidung, betonierte und zu damenhafte Frisuren oder zu harte und dunkle Haarfarben (besonders, wenn der silberne Haaransatz nach zwei Wochen wieder sichtbar wird) verbreiten eine Aura von Resignation. Besser, Sie arbeiten *mit* dem, was Sie heute haben – nicht dagegen.
- Kleidung, die zu groß ist, macht kleiner. Kleidung, die zu klein ist größer – und zeigt jedes ungeliebte Extra-Pfund.
- Je gedeckter die Kleidungsfarbe, desto klarer sollte das Material sein. Je gemusterter ein Kleidungsstück, desto schlichter und glatter der Rest. Eyecatcher wollen schließlich inszeniert werden, um zu betonen, was interessant ist.
- Ein älter werdender Körper will nicht weniger, sondern mehr Aufmerksamkeit. Stärker wachsenden Haaren an Augenbrauen, in der Nase und den Ohren sollten Sie daher den Kampf ansagen.

- Die *Eleganz des Geistes* braucht es in jedem Alter. Wer mit seinem Leben unzufrieden ist, sollte schnell beginnen, Versäumtes nachzuholen. Zwar lassen sich die Umstände nicht immer ändern, aber die Haltung dazu. Denn alt wirkt, wer sich irgendwann für *fertig* hält und die Neugier auf das Leben und andere Menschen verliert.

Kleidung im Job

* **Passform first:** Wer das verinnerlicht, läuft gar nicht erst Gefahr, Hosen mit dem zu tief sitzenden Schritt (dem so genannten „Windelhintern"), hautenge Hosen aus zweifelhaften Stoffen oder zu kurze Hosenbeine, die aus jedem gestandenen Mann optisch einen Pennäler machen, in Erwägung zu ziehen. Gut angezogene Leute sind suspekt? Das war gestern. Die junge, nachwachsende Generation interessiert sich nämlich sehr wohl für Knigge, Dresscodes, formelle Kleidung und wie sie sitzen soll.

Die Passform ist richtig, wenn sie den Körper sanft nachmodelliert, ohne zu betonen, was nicht gezeigt werden will, die erwähnte Gourmet-Wölbung zum Beispiel. Kleidung, die nicht zu eng ist, ist daher ein heißer Schlankheits-Tipp. Das gilt für die Jeans genauso wie für das edle Etui-Kleid.

* **Der Anzug ist nicht die einzige Lösung:** Was Herrenanzüge und viele Frauenkostüme oft so uninspiriert (und damit älter) wirken lässt, sind die immer wieder gleichen Schnitte, Stoffe und Farben. Wer das Spiel der Businesskleidung mitspielen – aber dennoch nicht wie alle anderen Anzugträger aussehen möchte, kann beginnen, an wenigstens *einer* der Stellschrauben Stoff – Farbe – Schnitt – Dessin (= Muster) zu drehen: Also Jacke und Rock – aber aus einem anderen Stoff, der eben nicht aus grauer, schwarzer oder marinefarbiger Wollware ist, der Schnitt kann besonders und die Farbe auffälliger sein.

Herrensakko, Weste und Hose – aber vielleicht nicht alles in derselben Farbschattierung, sondern aus verschiedenen Nuancen der gleichen Farbe. Hell-Dunkel-Kontraste allein können sogar das klassische Business-Grau spannend machen. Oder die Farbe bleibt durchgehend monochrom, die Stoffe weisen aber verschiedene Strukturen oder ein Muster auf.

* **Menschen mit Persönlichkeit brauchen keine Ablenkung:** Die Grundidee von Schmuck und Accessoires ist, eine schöne Stelle an der Erscheinung eines Menschen zu betonen. Schmuck und sonstige Requisiten haben aber auch von je her dazu gedient, Status und Wohlstand sichtbar zu machen. Von Wohlstand aber kann angesichts mancher mit Nieten, *Bling-Bling* & Co. applizierten Serienartikel aus billiger Herstellung

nicht die Rede sein. Deshalb sollte Schmuck immer edel sein. Ein Zuviel an Eye-Catchern lenkt zudem von der Persönlichkeit und ihrer Aussage ab, weil das Auge eines Betrachters vor lauter Hinguckern nicht mehr weiß, wohin es zuerst blicken soll.

Ab der erwähnten magischen Grenze gilt also: Vom Leben ausdrucksvoll gewordene Gesichter wollen raffiniert inszeniert werden und zu einem gepflegten Körper gehören. Dann ist das Darunter auch der richtige Ort für wertiges und stilvolles Darüber.

* **Sich selbst und seine Figur richtig einzuschätzen, ist die eigentliche Coolness:** Die Kehrseite von Trend ist die Beliebigkeit. Es gehört ebenfalls zu einer reifen Persönlichkeit, dass man seinen Körper kennt und weiß, welche vorbeifliegenden Modeerscheinungen ihn gut aussehen lassen – und welche nicht. Die schicken Kurzarm-Shirts mit Bizeps-engem Armausschnitt zum Beispiel sehen nur dann gut aus, wenn da auch ein Bizeps zu sehen ist.

Ähnlich verhält es sich mit den erwähnten super-modischen schmal geschnittenen Herrenanzügen mit geringer Saumweite und entsprechend schmalem Hosenbein, welche nicht nur die Wade einengen, sondern im Sitzen auch über einem trainierten Oberschenkel spannen und die Naht krachen lassen können. Wenige

Zentimeter mehr Umfang sind für einen athletischen Mann wesentlich entspannter, Trend hin oder her.

* **Die Schuhe bestimmen den Gang:** Und dieser kommt lange vor dem ersten gesprochenen Wort beim Gegenüber an. Gerade in Schuhen, die dem Fuß wenig Halt geben, bekommt der Gang so etwas unfreiwillig Schlurfendes, das sich auf die ganze Erscheinung überträgt. Leider fallen viele Freizeitschuhe von Flip-Flops bis zu manchen Sneakers in diese Kategorie. Empfehlenswert ist übrigens auch ein Blick auf die verwendeten Materialien: In synthetischen Schuhen gleicht das Fußklima gerade im Sommer schnell einem tropischen Regenwald, mit allen damit verbundenen Konsequenzen.

Haarfarbe – was graue Haare attraktiv macht

„Silberrücken" heißt es bei den Gorillas. Der Begriff kennzeichnet die stattlichen, ausschließlich männlichen Primaten, deren silbernes Fell im Rücken Wahrzeichen einer gewissen Lebenserfahrung ist, die dem Fortbestand der Gruppe zugutekommt. Das silberne Ehrensymbol zeigt sich bei männlichen Gorillas mit einer durchschnittlichen Lebenserwartung von 35 bis 40 Jahren schon ab dem 12. Sommer.

Bei uns Menschen verhält es sich anders mit der Ehre, die selten als verdient empfunden wird, und langsam dringt das Bewusstsein an die Öffentlichkeit, dass silbernes Haar nicht nur reife Männer, sondern auch Frauen unglaublich gut aussehen lassen kann. Welche Gegebenheiten machen das depigmentierte Haar zum Attraktivitäts-Merkmal?

Wie bei allen beginnenden Trends überwiegt zunächst die Begeisterung. Aber wie so oft verschleiert diese auch den Blick für den richtigen Weg, der zum Erfolg führt. Auf welche Weise ein Mensch im Haupthaar heller wird und ob das gut aussieht, entscheidet sich nämlich durch die Pigmente, die in seiner Erbanlage vorkommen und den Farbtyp bestimmen. Denn Grau muss noch lange kein Silber sein. Der Menschenaffe hat Glück: Sein schwarzes Haar bekommt im Alter einen schönen Ton. Deshalb heißt er ja auch Silberrücken und nicht Grauschatten.

In der Regel können wir davon ausgehen, dass die Natur es richtig macht: Die Art, wie wir ergrauen, passt vom Farbton her zu Teint und Iris und sorgt so für ein harmonisches Bild von Haut-, Haar- und Augenfarbe. So sehen auch Perlgrau oder ein weiches Champagner-Grau schön aus, wenn die Haarfarbe gleichmäßig ist. Nur unterwegs dahin, während sich die Haarfarbe der jungen oder mittleren Erwachsenenjahre mit hellen Fäden mixt, kann die Wirkung unterschiedlich sein.

Die schicke Pfeffer-Salz-Optik trifft nicht jeden. *Wie* gelingt nun die *Sexiness* der hellen Haartracht?

* **Warm oder kalt**: Die Hautpigmente Melanin (Braun), Karotin (Gelb) und Hämoglobin (Rot) kommen in unserer Haut in unterschiedlichen Mengen je Typ vor. So kann ein Mensch, der mehr Karotin hat, einen goldbraunen Haut-Ton annehmen, wenn er in die Sonne geht. Diese warmen „Farbtemperamente", wie man es nennt, haben im Haar anfangs keinen silbrigen, sondern einen eher matten Ton, der den gewünschten Effekt verfehlt. Oft liegt die Augenfarbe dazu im Braun-Grün-Bereich, und die ursprüngliche Haarfarbe reicht von einem warmen Blond bis zu Haselnussbraun oder Rottönen.

Kalte Farbtypen mit ursprünglich sehr dunkler und / oder aschiger Haarfarbe dagegen *ergrauen* auf attraktive Weise und haben Chance auf ein umwerfendes Schlohweiß oder den begehrten Silberton.

* **Farben in der Kleidung**: Zum gefrosteten Haar sehen konsequenterweise auch kühle Farben besser aus. Kühl nennt man alle Nuancen, die eine blaue Basierung haben. So sind etwa ein Burgunder- oder Weinrot dem warmen Orange oder verschiedene Blau- und Grautöne dem warmen Braun-Beige-Farbspektrum bei weitem vorzuziehen, wenn man die Haarfarbe auf natürlichem Weg erreicht hat.

Bei den erwähnten warmen Typen sieht der zu Unrecht als ergraut benannte Schopf gut aus, wenn zur einheitlich hellen Haarfarbe Nuancen getragen werden, die der Haut- und Augenfarbe ein Kompliment machen. Dann wird auch die Haarfarbe schön reflektiert.

Und auch in Sachen Helligkeit macht es die Natur ganz richtig: Das erblasste Haar schmeichelt uns in fortgeschrittenen Jahren besser als flächige dunkle Töne, weil auch der Teint und die Iris mit den Jahren blasser werden. Dann kann es sein, dass zum Beispiel Schwarz auf einmal zu hart wirkt und Erfahrungslinien unerwünscht vertieft – nicht nur als Regenschirm.

* **Schnitt und Pflege:** Ähnlich wie Barthaar hat auch das farblose Haar eine andere Struktur als das pigmentierte, erscheint im Haardurchmesser dicker, ist eigenwilliger und hat meist weniger Glanz. Der Haarschnitt sollte dem Rechnung tragen und noch genauer auf den Fall und die Wirbel eingehen, damit der Schnitt modern wirkt. Bei Frauen und Männern darf niemals der Verdacht einer Altdamen- oder Altherren-Frisur aufkommen. Aufgrund der anderen Struktur und der nachlassenden Talgproduktion der Kopfhaut wird auch die Pflege bedeutsam. Der Skalp braucht Feuchtigkeit und Glanz. Unbedingt vermeiden sollten Sie aber Produkte, die im Haar einen Lilastich hinterlassen.

* **Style:** So manche Frau trennt sich an einem bestimmten Punkt ihrer stilistischen Karriere von der Langhaarmähne, weil mit zunehmendem Alter auch die Haarfülle abnimmt und die Längen stumpf werden. Auch Hochsteckfrisuren verlieren an Zauber, wenn der Hals darunter nicht mehr ist, was er mal war. Ein kürzerer Haarschnitt dagegen lenkt den Blick in das Gesicht, die Augen und auf die höheren Wangenknochen, die charakteristisch für reife Gesichter sind. Der schönste Vorteil dieser Entscheidung ist, dass mit kürzerer Frisur die Kleidung wieder femininer werden darf – ohne dass Sie Gefahr laufen, in den Lolita-Chic zu verfallen.

Manko oder Markenzeichen?

In jenen Jahren schleicht sich auch die Frage ein, ob man angesichts einer sehr hohen Lebenserwartung Korrekturen vornehmen sollte, sozusagen prophylaktisch. Denn sicherlich ist es ein Unterschied, ob Augenlider, Wangenkonturen und andere neuralgische Stellen 50 oder 70 Jahre Zeit haben zu sinken, wenn man ab dem Alter der höchsten biologischen Kraft mit etwa 25 bis zum realistischen Lebensalter von 95 rechnet. Früher stellte sich die Frage nach Schönheitsoperationen nicht: Da gab es Skalpelle bevorzugt für notwendige Eingriffe, weniger Jugendwahn und eine größere

Chance, so ein biblisches Alter erst gar nicht zu erreichen.

Auf die Frage *ob oder ob nicht* liefert uns die Digitalisierung konträre Antworten: Einerseits begründen soziale Medien und ein Überdruss am Hochglanz den Siegeszug der (vermeintlichen) Authentizität. Andererseits ist die Wiedergabe von Bewegtbild durch nicht enden wollende technische Neuerungen so gnadenlos wie nie und zeigt jede Pore der Haut pixelgenau. Nur Fotos lassen sich perfekt bis zur *Celebrity*-Darstellung auf dem Smartphone filtern.

Einerseits lieben wir also ein Maß an Echtheit, das greifbar, unperfekt und individuell typisch sein darf – andererseits entschuldigen Kameras nichts. Sobald man die Falten geglättet hat, ist auf einmal die Narbe zu sehen.

Es gibt individuelle Merkmale, die zum Markenzeichen wurden und die auch berühmte Vorbilder haben, vom Schlupflied über die Zahnlücke bis zum Muttermal. Die Option zu behalten und dazu zu stehen, was änderbar aber *part of the game* (engl. Teil des Spiels) ist, sollte also in die Überlegungen einfließen.

Die Grundzüge echter Qualität sind beste Rohmaterialien und Zeit. Ein Spitzenkoch kann mehrere Qualitätssterne auf der Haube tragen – ohne beste Zutaten wird er aber keinen unvergesslichen Gaumengenuss hinbekommen. Ein Restaurant kann gut eingekauft haben – ohne einen strukturierten Zeitplan und genügend Gefühl sowie Ruhe für den Garprozess wird es aber keine Gerichte (schon gar nicht verschiedene zeitgleich) auf den Tisch seiner Gäste bekommen. Dieses Bild lässt sich auf den guten Stil übertragen.

Viele nehmen sich nicht (mehr) die Zeit, ihre Garderobe zu planen und strategisch aufzubauen. Dann laufen sie Gefahr, ihrer Garderobe zu dienen – und nicht umgekehrt. Auch so manche Frau hat keinen Nerv für ausgedehnte Shopping-Touren und kauft am Ende, was das Allgemeinbild so bietet. Ein globaler Fashion-Style tut aber nichts, um die Eigenmarke zu formen und Klasse auszustrahlen – das, was es braucht, um den eigenen (Geld-)Wert auch sichtbar zu machen.

Welche Investitionen im Kleiderschrank lohnen sich? Welches Wissen bringt welche Rendite?

*** Textilien: Qualität und Qualitätsfrage**

Kleidung kann noch so sehr im Trend sein. Wenn sie kostensparend verarbeitet ist und auch so aussieht, tut sie eher etwas gegen das eigene Image als dafür. Denn der billige Eindruck spiegelt unmittelbar auf die zu erwartende Arbeitsgüte: Welche Qualität ist bei jemandem zu erwarten, dessen Kleidung verrät, dass ihn Qualität nicht interessiert?

Dabei sind Qualität und Preis in der Mode nicht immer synchron. Ein heftig umworbenes und entsprechend teures Label bedeutet noch lange nicht, dass die Ware gut verarbeitet ist. Deshalb sollten Sie sich gerade bei großflächigen Textilien wie Kostümen und Anzügen immer fragen, ob Sie dieses Teil auch aus zweiter Hand kaufen würden. Denn nur ein guter Stoff und gute Verarbeitung würden es bis zu einem Zweitbesitz schaffen. Für die *Meisterjahre* Ihrer Karriere brauchen Sie ein paar Outfits, die Ihnen Sicherheit und das Gefühl geben, unangreifbar zu sein.

*** Uhren und Schmuck: Ein Statement an sich**

Eine teure Uhr trägt nicht auf. Auf der Suche nach dem besten *Deal* ist einerseits der Blick auf den Markenwert relevant. Denn gerade bei den renommierten Labels sind Preis und Qualität eine Folge des über Jahrzehnte aufgebauten Markenkults und die Marke somit eine Wertaussage.

Andererseits resultieren der Kult und die Qualität, welche ohnehin nicht infrage steht, in einem vergleichsweise stabilen Wiederverkaufswert. Kurz:

Gerade bei Uhren und Schmuck bringt *Vintage* (engl. altes Modell) bzw. *Second Hand*-Erwerb einen echten Mehrwert. In anderen europäischen Ländern ist die Idee des Wiederverkaufs übrigens geläufiger als bei uns – wir kommen erst jetzt im Zuge des Nachhaltigkeitsgedankens an diesen Punkt.

*** Fokussierung: Ein Blick auf die Eyecatcher**

Wer kosteneffizient wirtschaften muss oder möchte, legt den Investitions-Schwerpunkt auf die Teile, die am meisten im Blickfeld sein werden. Das sind die Anfangs- und Endpunkte der Erscheinung, an denen der wandernde Blick des Betrachters hängen bleibt.

In Fotos, Videos, Webinaren und Skype-Interviews ist besonders die Schulterlinie im Fokus. Je breiter sie ist, desto kleiner wirkt der Kopf. Nun ist aber in den letzten Jahren die Schulterlinie immer mehr einer leichten, körpernahen Verarbeitung gewichen, welche die Schulter schmaler aussehen lässt, weil auf Polster inzwischen auch bei den Männern weitgehend verzichtet wird. Dadurch wirkt der Kopf größer und der Schulter fehlt es nicht selten an Format. Was in den 80er Jahren zu viel war, ist heute für manche Zwecke zu wenig (ausgenommen die modischen *Oversize*-Anzüge bei Frauen). In Sachen *Kopf* ist natürlich auch ein guter Friseur eine Investition, die sich rentiert.

Der nächste Fokus gilt – Sie ahnen es – den Schuhen. Ein guter Schuh trägt die ganze Erscheinung. Deshalb sollten Sie bei Qualität, Passform und Pflege von Ihrem inneren *Financial Controller* keine Budgetkürzungen hinnehmen.

*** Details: Vertrauen auf den zweiten Blick**

Wenn Ihr Verhandlungspartner entschieden hat, dass er oder sie mit Ihnen ins Gespräch kommen will, werden auch Kleinigkeiten relevant. An Knöpfen beispielsweise sollten Sie niemals sparen, die ein ganzes Outfit verbessern oder ruinieren können. Leider *knausern* aber viele Hersteller an genau diesem Detail. Deshalb ist – außer ihrem Änderungsschneider für die Passform – auch ein guter Knopfladen eine Top-Adresse in Ihrer Qualitätssicherung.

Den gleichen Anspruch sollten übrigens auch die sekundären, aber wichtigen Statussymbole wie Schreibmaterial, persönliche Effekte wie Ihr Portemonnaie und auch Ihr Regenschirm erfüllen. Hier lautet die Formel: preiswert ja – billig nein.

Gerade ein Regenschirm sollte besser nicht schwarz (macht blass) oder gar grün (lässt auch die Gesichtsfarbe so aussehen) sein, sondern besser aus einem Ton des rötlichen Farbspektrums, der Ihnen gut steht – Bordeaux, Weinrot oder Rosa (nur Damen) für kühle Farbtypen, Korallenrot, Ziegel oder ein dunkleres

Barolo für warme Farbtypen. … es sei denn, Sie haben Bluthochdruck.

Kommunikation

Im eigenen Mittelalter, das so plötzlich kommt, findet man sich unversehens Entscheidungsträgern gegenüber, die zehn bis 15 Jahre jünger sind als man selbst. Da ist es wichtig, dass Kompetenz und Erfahrung nicht belehrend wirken, denn Kommunikation ist, was ankommt. Ein Alterskollege formuliert es so: *„Man muss aufpassen, nicht über das Alter gemessen arrogant zu wirken."*

Die „Sprache des anderen zu sprechen" verlangt immer wieder, das Nest vertrauter Gewohnheiten zu verlassen und über den eigenen Tellerrand hinaus zu blicken. Heute sind zehn Jahre schon eine Generation, die anders denkt, fühlt und handelt als man selbst. Und schon sitzt sie als Arbeitgeber oder Auftraggeber vor einem. Nur wer ehrlich mit sich selbst ist, bemerkt zum Beispiel, dass auch er oder sie selbst mit Ende 20 die Tendenz hatte, Recht haben zu wollen: Denn wenn man in seinem Beruf noch Fuß fassen muss, ist das normal, da sind fachliche Anker hilfreich. Als Senior-Experte sollte man das aber nicht mehr nötig haben.

Gleichzeitig legt die neue Welt ein rasendes Tempo vor. Akzeptanz hat heute immer mehr mit Aktualität zu tun. Nach einer Untersuchung des **Instituts für Arbeitsmarkt und Berufsforschung** (IAB) sind neben gesundheitlichen Schwierigkeiten *„fehlende oder veraltete IT-Kenntnisse die größten Hemmnisse bei der Vermittlung älterer Jobsuchender.“*

Daneben seien es vor allem die Vorbehalte potenzieller Arbeitgeber, die Bewerbern jenseits der 50 das Leben schwermachten … womit wir wieder bei den Köpfen der Unternehmen sind.

Und sonst so …

Mit allzu jugendlichen Attributen zu flirten macht also definitiv nicht jünger. Umgekehrt kann auch das Sakko im Altherren-Tweed an einem sehr jungen Menschen verhindern, dass er so erwachsen wirkt, wie er möchte. Stylish wird er dennoch aussehen – aber Mode ist kein zuverlässiges Reifezeugnis. Für Tweed-Sakkos und weitere stilistische Bekenntnisse gibt es unsichtbare Grenzen nach oben und nach unten.

Für Frauen und Männer an der Schwelle zum dritten Lebensdrittel stellt sich zudem die Frage, wie sich Attraktivität und *Sexiness* definieren lassen, wenn der Körper das in Werbung und Medien Herkömmliche nicht mehr im gleichen Maß mitbringt. Was noch außer einer glatten Haut, Muskeln und Kurven erregt Anziehung? Neben der größeren Ausstrahlung sicherlich Humor, Gelassenheit und der Charme, sich auch stilistisch in Szene zu setzen.

Benimmfragen, die mit der Generationenthematik in Verbindung gebracht werden, sind nämlich weniger eine Frage des Alters als eine der Situation und Angemessenheit. Duzen und Siezen zum Beispiel. Was aber jedem Menschen unabhängig vom Alter mehr Format verleiht, sind ein paar Formeln von zeitlosem Wert: eine aufrechte Körperhaltung, passformgerechte Kleidung, Körperpflege und die geistige Haltung.

*** Augenhöhe**

Sie ist vielleicht eine der größten Herausforderungen in unserem Umgang mit anderen Menschen. Inzwischen hat sich beispielsweise herumgesprochen, dass man die Reinigungs-Fee grüßen sollte. Allerdings sollte man das nicht nur tun, weil es einen gut aussehen lässt, sondern weil man auch so denkt: Der oder die andere ist nicht höher oder tiefer, sondern macht lediglich einen anderen Job als man selbst. Gleiches gilt auch für das Gespräch zwischen den Generationen, unterschiedlichen Kulturen, Einkommensklassen und hierarchischen Strukturen in Unternehmen. Niemand sollte sich erhaben fühlen – auch nicht der am Anfang erwähnte Vorstand mit dem bestimmten Lebensalter.

Hinter jeder Floskel steht eine Geisteshaltung – zumindest die ihres Erfinders. Sprüche kann daher niemand ungefiltert übernehmen ohne in die Falle der No-go-Sätze zu tappen: „Ich will Ihnen mal was sagen, junge Frau:“ ist zum Beispiel die beste Ansage dafür, dass man selbst nahezu antik – und von Augenhöhe meilenweit entfernt ist.

Deshalb wollen auch die Gewohnheitssätze immer wieder reflektiert und modernisiert werden, auch unabhängig vom Altersbezug: „lange Rede – kurzer Sinn“? Die beliebte Floskel sagt uns, dass derjenige sich umständlich ausdrückt und sich dessen bewusst ist – oder zu viel Zeit hatte, um auf den Punkt zu kommen. Dabei haben wir doch mit zunehmendem demografischem Alter immer mehr Zeit für das, was sich wirklich lohnt zu sagen.

De-Mut

Als Clara von ihrem Arbeitgeber gefragt wurde, ob sie auch fürs Fernsehen zur Verfügung stehen würde, war sie ziemlich genau 50. Und obwohl sie berichtete, sich die Altersfrage nie gestellt zu haben, mag sie doch einige Zweifel und Gedanken bewegt haben.

Der erlösende Impuls kam schließlich von einem ihrer inzwischen erwachsenen Kinder: „Du hast nichts zu verlieren." Ein einfacher Satz, den wir ruhig alle mit in die Zukunft nehmen können. Denn Neugier und Experimentierfreude halten jung. Übersättigung macht alt und wirkt arrogant – und wird irgendwann von der gesellschaftlichen Entwicklung abgehängt.

Die digitale Entwicklung gehört heute dazu. Wie der Kleiderschrank soll sie uns dienen – und nicht umgekehrt. Aber ignorieren können wir sie nicht, wenn wir dabei bleiben wollen. Die Kunst ist, in Bewegung zu sein und sich dabei selbst treu zu bleiben.

Den Kopf zu beschäftigen hält jung, neue Kontakte über die Generationen- und Ländergrenzen hinweg zu knüpfen, eine neue Sprache zu lernen … Sich bewusst zu werden, dass man ein Teil des Großen und Ganzen ist, der nicht entscheidend ist – aber doch den einen kleinen Unterschied machen kann:

Das macht souverän.

Author's note

„Nur nicht drängeln – jeder kommt dran." Ambitionierten jungen Menschen möchte man das manchmal zuflüstern, wenn sie mit Eifer und Ernst ins Berufsleben stürmen. Denn es geht tatsächlich unglaublich schnell, das Altern mit „n".

Der Stil, in dem wir es tun, beschäftigt eine demografisch wachsende Zahl von Menschen und ist damit in so manchem Kleiderschrank präsent, auch in meinem. Was die Qualität des Alterns betrifft, habe ich mir viel vorgenommen – und weiß bis heute nicht, wo ich landen werde. Was aber auf Basis meines Fachwissens nachweislich hilft, ist der Inhalt dieses neuen *Slimbooks*.

Ähnlich wie bei Fußball, Kleidung und Tattoos ist auch das Altern ein Thema, bei dem nahezu jeder *mitreden kann* und eine Meinung hat. Inzwischen aber mischt noch eine weitere Frage mit: Wie können wir als Gesellschaft älter werden, ohne unseren Kindern eine verbrannte Erde zu hinterlassen? Denn was die Umwelt angeht, haben sich die in den 80er-Jahren groß Gewordenen nicht gerade mit Ruhm bekleckert: Das meiste auf Pump, auch die Planetenressourcen. Und das schließt mich als Kind derselben Generation mit ein. Aber Verhalten lässt sich ja ändern – jeden Tag.

In Sachen Textilkonsum habe ich mich allerdings schon immer für das gesunde Maß eingesetzt:

Wer weiß, was ihm steht, macht weniger Fehlkäufe – und hat dann mehr Budget zur Verfügung, das sich wieder in Qualität (statt Quantität) investieren lässt.

Ein stilvoller Abgang beinhaltet immer auch den Gedanken an das, was danach kommt. Ihn zu gestalten, haben wir jetzt die Möglichkeit.

Persönlicher Dank

Foto: Antje Kern

Ein Dank für das Cover-Foto geht an „Fotomodell“ Werner Grade und Karsten Thormaehlen. Inzwischen selbst über 50 hat sich der Profi-Fotograf aus Frankfurt darauf spezialisiert, alte und sehr alte Menschen zu porträtieren. Er versteht es, die Schönheit der Persönlichkeit, den Reiz der Erfahrung in Bilder zu bannen und die Geschichten dahinter wortlos zu erzählen. Mit seinem Bildband: „100 Jahre Lebensglück: Weisheit, Liebe, Lachen“ bewirkt er, was der Jugendkult nie vermag: dass wir uns Zeit nehmen, um Gesichter zu studieren.

Besonders danken möchte ich auch meinen beiden Interviewpartnern die ihre Geschichte und ihre Überzeugungen mit mir, mit Ihnen als Lesern geteilt haben und Anlass zum Nachdenken geben.

Mich selbst hat die Arbeit an diesem Buch dazu bewegt, meinen eigenen dritten Lebensabschnitt inzwischen der „Karriereberatung für Rentner“ zu widmen: für Inspiration und Erfüllung.

starlay.de

Als Stilclub-Editionen sind ebenfalls erschienen:

Die 12 Gebote für Frauen im Business

>> Für Frauen, die ihre hohe Kompetenz sichtbar, fühlbar und unantastbar machen wollen

2021, 106 Seiten

Der Stilcoach für Männer – Erfolgreich unterwegs in Job und Freizeit

>> Das Wichtigste, um der (Geschäfts-) Welt im Allgemeinen und Frauen im Besonderen souverän zu begegnen

3., erweiterte Neu-Auflage 2019, 256 Seiten

Bei Frankfurter Allgemeine Buch (www.fazbuch.de) sind erschienen:

Stilgeheimnisse – Stilsicher unterwegs durch unsere immer lässiger werdende Welt

>> Mehr Souveränität, Spaß und Selbstbewusstsein in Stil- und Kniggefragen

6., erweiterte Neuauflage 2024, Hardcover 256 Seiten

Kleidung nachhaltig konsumieren – Mit Stil die Zukunft gestalten

>> Mehr Leichtigkeit durch bewussten Konsum!

2023, Hardcover 208 Seiten